LA
LIBERTÉ DES PEUPLES

FAVORABLE

A LA PUISSANCE DES ROIS,

SEUL MOYEN

D'ÉTABLIR LEUR GOUVERNEMENT SUR UNE BASE DURABLE.

PAR A.-P. G. Ancien Officier d'artillerie.

1re ET 2e LIVRAISONS.

Cet ouvrage sera divisé en chapitres, qui paraîtront successivement de mois en mois.

Prix de chaque Livraison : 50 cent.

Paris.

DE L'IMPRIMERIE DE SELLIGUE,
Rue des Jeûneurs, n° 14.

1831.

Cet ouvrage sera divisé en chapitres, qui paraîtront chaque mois.

Prix de chaque livraison, d'une feuille in-8° : 5o c.

S'adresser, pour les conditions d'abonnement et les insertions, à M. LEDOYEN, galerie d'Orléans, n° 33, Palais-Royal. On ne recevra que des lettres franches de port.

1831. MOIS DE MAI.

PROSPECTUS

ou

CHAPITRE PREMIER.

> Le plus sûr garant de la conservation de la
> puissance est de rendre le peuple heu-
> reux, car un peuple content ne songe
> point à se révolter.
>
> *Anti-Machiavel.*

Les fautes des administrations publiques sont aussi nui-sibles aux gouvernemens qu'aux peuples; et ce n'est que lorsque le peuple jouit d'une sage liberté que ces fautes peuvent être divulguées et redressées.

Sous un gouvernement libre, constitutionnel et repré-sentatif, cette déclaration, qui peut être relevée comme le gant de nos anciens preux, et par conséquent donner lieu à une discussion utile, ne peut mériter que des éloges; car ce n'est qu'en publiant les méfaits qu'on peut mettre ce gouvernement en état de les faire cesser. Le temps est donc enfin venu en France de dire la vérité tout entière; c'est rendre service au roi, au ministère et à la nation.

Un parti, justement dit républicain, ne peut exister dans notre patrie; le passé nous a trop malheureusement prouvé les graves inconvéniens de la multiplicité des membres du pouvoir exécutif, pour que des vrais Français puissent penser sérieusement à en demander une nouvelle preuve au temps présent : ce n'est donc point la république que nous voulons.

Mais, chose bien désirable, c'est le véritable patriotisme, l'ardent désir de faire le bonheur de tous ses compatriotes, que nous voudrions trouver dans les bienheureux mortels solidement ancrés dans les plus beaux emplois publics. Oui... on ne peut plus nier l'existence d'un parti très-nombreux qui désire vivement que les places honorables et lucratives de l'état cessent d'être les prix de la bassesse et de l'intrigue, et qui voit, avec déplaisir, des familles se perpétuer dans ces places sans s'occuper essentiellement des devoirs qu'elles ont à y remplir.

Ce n'est point le bonheur, les intérêts de tous leurs concitoyens que plusieurs individus si bien placés ont en vue : c'est le népotisme, l'amour du gain, et souvent d'un gain illicite, pour eux-mêmes et leurs proches parens, qui seuls ont le pouvoir de diriger toutes leurs actions.

Il n'est pas étonnant, d'après cela, qu'elles se trouvent souvent en contradiction manifeste avec les intérêts de ceux qui, malheureusement, ont des affaires à terminer dans les administrations, que ces messieurs exploitent suivant leur fantaisie et sans se conformer aux lois.

Un tel état de choses ne peut continuer sous un roi toujours animé des pensées élevées qui le portèrent à se saisir du timon de l'état lorsqu'une tempête affreuse menaçait de l'engloutir.

Il ne faut que lui dire la vérité, l'entière vérité, pour qu'il le fasse cesser : j'invite donc tous mes concitoyens à ne plus lui dissimuler leurs souffrances, qu'ils cessent de craindre l'entourage orgueilleux de l'administrateur qui ne remplit pas tous ses devoirs.

Sous un gouvernement sage, ferme et éclairé, qui doit

non-seulement éviter les fautes commises depuis 1789, mais encore s'attacher à les réparer, la justice ne doit point être arrêtée par des considérations de fortune, de naissance, de positions sociales élevées, d'existences faites et consolidées, pour me servir des propres expressions, fort insolentes, des hommes que je viens combattre... et qui cependant, ô honte ! ont servi plus d'une fois leurs audacieuses ambitions.

Toutes ces prétentions, fondées sur l'état exercé par nos pères, portant robe ou épée, doivent disparaître aujourd'hui : ou bien, attendez-vous encore à voir renaître tous les abus, je ne dirai pas du pouvoir royal, mais des pouvoirs, des administrations et de tous les solliciteurs titrés qui les entourent, auxquels, dans tous les temps, il faut attribuer les fautes qui amenaient nos discordes civiles, et ont enfin brisé le trône de la branche aînée des Bourbons.

Napoléon s'est aussi, lui, repenti de l'abaissement de son génie devant ces singulières prétentions : mais j'aurais trop à faire si je m'attachais à décrire tous les moyens que les ambitieux mirent en œuvre pour se glisser dans les affaires publiques sous son règne ; tous ceux qu'ils firent ensuite valoir près de **Louis XVIII** pour devenir ce qu'ils sont : et mon imagination recule, il faut bien le dire, contre la pensée de peindre le hideux tableau que l'égoïsme de plusieurs hommes puissans présente... Cet égoïsme social a cependant déjà produit l'égoïsme politique qui menace de nous faire perdre jusqu'à notre nom de grande et généreuse nation.

Il est donc devenu nécessaire, tout au moins, de montrer tout le mal que cet amour exclusif de soi-même et des siens a introduit dans nos meilleures institutions : c'est ce que je me propose de faire successivement dans cet ouvrage.

Montrons, avant tout, que nous cherchons nos inspirations dans les souvenirs des pensées et des actions de deux grands rois.

« Le plus sûr garant de la conservation de la puissance,
» c'est de rendre le peuple heureux ; car un peuple content
» ne songe point à se révolter ; et le secret pour le conten-
» ter, est de maintenir la justice, la régularité dans l'admi-
» nistration ; de suivre dans tous ses actes une marche droite
» et ferme, qui, en fixant la nature des devoirs de chacun,
» le contraigne ou l'encourage à les remplir par une certi-
» tude égale du châtiment ou de la récompense ; enfin, d'a-
» gir selon l'intérêt général, selon l'esprit du temps et celui
» de la nation en particulier. La multitude, quelque effort
» que l'on puisse faire pour l'égarer et l'entraîner, a un ins-
» tinct de son bien-être qui ne la trompe pas et qui lui suffit ;
» quand elle en est bien pénétrée, elle élève autour du trône,
» par sa force d'inertie, un rempart que les ambitions,
» dont le germe ne meurt jamais, n'essaient point d'ébran-
» ler, et qui n'a besoin du soutien des canons et des bayon-
» nettes que comme les places fortes en temps de paix. »

Il y a long-temps que notre bon Henri IV et son sage ministre Sully donnèrent l'exemple de ce gouvernement sage et éclairé, qu'un autre roi, Frédéric, proposait pour modèle. Mais pour bien suivre ce modèle, il faut connaître les vices introduits dans notre gouvernement depuis Henri IV, vices qui n'ont fait que s'accroître dans ces dernières années par le funeste ascendant qu'on a donné aux grandes riches-ses, sans s'inquiéter des moyens employés et qu'on pourrait employer pour les acquérir et les augmenter indéfiniment. Plus on a et plus on veut avoir ; les plus riches sont les plus âpres au gain. Il est donc plus nécessaire qu'il le fut ja-mais, de flétrir publiquement l'indignité des moyens em-ployés, trop souvent, pour s'enrichir.

CHAPITRE DEUXIÈME.

> Véritablement on ne peut pas dire que ce
> soit vertu de tuer et ruiner les citoyens,
> de les trahir, d'être sans foi, sans reli-
> gion, sans humanité, moyens qui peuvent
> bien faire acquérir une grande fortune,
> non une vraie gloire. MACHIAVEL.

1° DE LA CAISSE DES DÉPOTS ET CONSIGNATIONS.

Un des établissemens les plus utiles à l'intérêt public et privé, dans un état civilisé, c'est une caisse des dépôts et consignations. Bien définie par son titre, elle reçoit toutes les consignations, tous les dépôts jugés utiles et nécessaires.

Une succession est-elle vacante : un jugement ordonne que, convertie en numéraire, elle sera versée à la caisse des consignations, pour être ensuite remise à qui de droit.

Une somme d'argent à recevoir est-elle prétendue par plusieurs personnes qui ne peuvent se mettre d'accord, à l'amiable, pour son partage : il est ordonné, par un jugement, de la déposer à la susdite caisse pour, plus tard, faire droit à la demande la mieux fondée, ou bien établir le partage convenable entre les prétendans.

Un créancier a le droit de faire, aux mains du directeur de cette caisse, une saisie-arrêt ou opposition sur la somme appartenant à son débiteur, qui s'y trouve consignée. Et un décret de Napoléon, en date du 18 août 1807, indique parfaitement comment il faut former ces oppositions : si l'opposant néglige de faire son opposition conforme, ce décret prononce qu'elle doit être considérée comme non avenue.

M. le directeur de la caisse des dépôts et consignations ne peut donc alléguer aucune raison valable de l'application que ses employés feraient d'une opposition formée, par exemple, sur M. Leclerc, propriétaire, rue Saint-Honoré, à Paris, à un autre M. Leclerc, possédant une propriété dans la même ville, mais située dans une autre rue, celle Saint-Martin, par exemple; car s'il trouve l'opposition mal faite, par la raison qu'il eût fallu écrire le prénom, ou les prénoms du sieur Leclerc, et donner le numéro de sa propriété, liberté pleine et entière à M. le directeur de ladite caisse des consignations de considérer cette opposition comme non avenue, suivant les termes du susdit décret du 18 août 1807.

Que si, s'animant d'un beau zèle pour les intérêts de l'opposant, M. le directeur veut bien interpréter son opposition, il ne peut que recommander à ses employés de chercher si un M. Leclerc, ou des héritiers d'un M. Leclerc ont des fonds consignés à sa caisse, provenant d'une propriété, située rue Saint-Honoré à Paris, pour appliquer à ces fonds la susdite opposition, et leur prescrire de la laisser, au contraire, sans application, si leur recherche ne les conduit pas à vérifier le seul sens raisonnable de l'opposition faite sur M. Leclerc, propriétaire, rue Saint-Honoré à Paris.

Pour mieux mettre mes lecteurs en état de juger les observations, bien nécessaires, bien urgentes, que je viens présenter enfin publiquement à M. le directeur de la caisse des dépôts et consignations, je ne saurais mieux faire que de copier textuellement les articles principaux de ce décret de Napoléon, en date du 18 août 1807, relatif aux oppositions.

« Voulant, est-il dit, pour le bien de notre service et pour celui des parties intéressées, réunir toutes les dispositions relatives à cet objet, et faciliter la connaissance des règles à observer.

» Notre conseil-d'état entendu, nous avons décrété et décrétons ce qui suit :

» Art. 1ᵉʳ. Indépendamment des formalités communes à tous les exploits, tout exploit de saisie-arrêt, ou opposition entre les mains des receveurs, dépositaires ou administrateurs de caisses ou de deniers publics, en cette qualité, exprimera clairement les noms et qualités de la partie saisie; il contiendra, en outre, la désignation de l'objet saisi.

» Art. 2. L'exploit énoncera pareillement la somme pour laquelle la saisie-arrêt ou opposition est faite; et il sera fourni, avec copie de l'exploit, auxdits receveurs, caissiers ou administrateurs, copie ou extrait en forme du titre du saisissant.

» Art. 3. A défaut par le saisissant de remplir les formalités prescrites par les articles 1 et 2 ci-dessus, la saisie-arrêt ou opposition sera regardée comme non avenue. »

C'est en contradiction manifeste avec ce décret que l'administration actuelle de la caisse des dépôts et consignations fait chaque jour une infinité de fausses applications des oppositions formées sur les indemnités des malheureux anciens propriétaires à Saint-Domingue, par leurs plus malheureux créanciers. Plus impitoyable que les noirs qui possèdent, par droit de conquête, les biens de ces anciens colons, elle leur fait dépenser en faux frais la majeure partie de l'indemnité minime qu'ils ont consenti à leur donner.

Ces déceptions ont pris naissance sous le ministère machiavelique de M. Villèle et compagnie, et, si le gouvernement actuel n'y met ordre, elles continueront indéfiniment.

Le ministère Villèle, après avoir obtenu, par une loi, condamnation contre tous les Français, d'oublier leurs malheurs personnels pour ne plus penser qu'à servir l'indemnité d'un milliard à MM. les émigrés, comprit qu'il ne pouvait plus se dispenser de paraître compatir aux funestes événemens de Saint-Domingue qui, depuis long-temps, fixaient l'attention générale, et paraissaient enfin avoir soulevé un sentiment conciliateur au sein du gouvernement actuel de cette, jadis, belle, grande et florissante colonie de la France. L'offre de 150 millions que ce gouvernement faisait, pour indemniser les anciens propriétaires des biens qu'il possède, fut acceptée ; et on évalua que cette somme suffirait pour donner à chaque propriétaire, ou à ses héritiers, environ le dixième de la valeur de sa propriété.

M. de Villèle, qui connaît les colonies, sait bien que la culture ne prospérait à Saint-Domingue que par les secours des maisons de commerce et de commission établies dans cette île depuis plusieurs années. Il ne mettait point en doute que plusieurs propriétaires des habitations incendiées par les noirs, ou occupées par eux sur la fin de 1791 et en 1792, sont encore débiteurs de sommes considérables aux négocians qui faisaient toutes leurs commissions ; c'est cependant ce qu'on paraît ne vouloir plus se rappeler dans la capitale de la France.

La loi du 26 avril 1830, relative à cette indemnité des anciens habitans de Saint-Domingue, qui fut adoptée par les deux Chambres sur la proposition faite par le ministère, ordonna donc à la commission nommée, pour établir les répartitions à chaque propriétaire de cette indemnité, de verser à la caisse des dépôts et consignations les sommes d'argent qui leur reviendraient. Et cette même loi permit aux créanciers de ces propriétaires de faire des oppositions à ladite caisse sur ces sommes, mais seulement pour le dixième de leurs créances.

C'est ainsi que les propriétaires de terres et de créances à Saint-Domingue ont, fort malheureusement, les uns et les autres, affaire à l'administration actuelle de la caisse des dépôts et consignations.

Maintenant, remarquez qu'une maison de commerce, qui méritait la confiance générale à Saint-Domingue, avait souvent une clientèle de deux cent cinquante à trois cents propriétaires qui demandaient et obtenaient d'elle, pour peu que leurs propriétés présentassent des garanties suffisantes pour l'acquit de leurs dettes, tout ce qui était nécessaire à la culture de leurs terres, au service de leurs usines et, en général, à tous leurs besoins personnels et à ceux de leurs noirs; qui la chargeaient enfin de vendre à Saint-Domingue ou d'expédier en Europe, à leurs risques et périls, toutes les denrées provenant de leurs habitations.

Il est visible que ce n'est que dans les bonnes années que les produits des ventes, à Saint-Domingue ou en Europe, desdites denrées coloniales, servaient à acquitter entièrement ces propriétaires.

Et si l'on se figure bien tous les désastres de Saint-Domingue, on concevra facilement que cette maison de commerce peut bien avoir encore soixante-neuf débiteurs. Ces débiteurs ne sont souvent connus que par un inventaire notarié fait après les décès des capitalistes de cette société commerciale, qui relate tous les titres des créances, et ne contient souvent que les noms de famille des débiteurs, et ceux des quartiers de Saint-Domingue qui contenaient les propriétés responsables des avances qu'on leur faisait. Les livres de commerce et les titres qu'on a pu sauver ne les désignent pas mieux.

Ceux qui représentent aujourd'hui les associés de cette maison ne peuvent pas donner d'autres indications sur les oppositions qu'ils ont à faire; mais il est certain qu'elles sont suffisantes pour bien appliquer l'opposition, ou du moins pour empêcher MM. les employés de la caisse des dépôts et consignations de faire autant de fausses applications de ces oppositions qu'ils en font.

Donnons-en un exemple. Ce n'est plus à Paris, rue Saint-Honoré, que nous placerons la propriété d'un M. Leclerc, sur lequel on a fait opposition; c'est dans le quartier de Saint-Domingue, nommé *le Limbé*, que ce M. Leclerc, en société avec M. Gauthier, possédait jadis une propriété qui certes n'était point numérotée comme celles de la rue Saint-Honoré à Paris. On a donc cru bien former l'opposition en indiquant cette propriété comme celle qui répondait des avances qu'on avait faites à ces messieurs Leclerc et Gauthier; et on a écrit sur l'exploit d'opposition :

« MM. Leclerc et Gauthier, propriétaires au Limbé, qui » doivent quatre mille cent quarante-quatre francs quarante » centimes, opposition seulement pour le dixième de cette » somme.

Et cependant cette opposition a été appliquée à tous les Leclerc, à tous les Gauthier de la colonie, et notamment à MM. Leclerc de Marinville, propriétaires au Gros-Morne, quartier certainement bien distinct de celui du Limbé, car ils étaient distans l'un de l'autre de dix lieues au moins.

Et de plus, MM. de la caisse des dépôts et consignations

se sont entêtés à maintenir cette fausse application d'opposition, contre la volonté des opposans, signalée d'abord par un acte au rapport de deux notaires de Paris, en date du 24 décembre dernier, et par deux autres actes sous signature privée, dûment légalisée, du mandataire desdits opposans, en dates à Nantes, des 5 et 23 janvier 1831. Ces trois actes, bien certainement remis aux mains de M. le chef du contentieux de la caisse des dépôts et consignations, et qui, conformément au décret du 18 août 1807, lui prescrivaient de faire cesser toutes les applications que ses subordonnés avaient pu faire desdites oppositions à des personnes qui n'étaient pas propriétaires dans les quartiers désignés dans leur exploit, et de les empêcher à l'avenir de faire ces fausses applications.

C'est pour abréger qu'on n'a cité qu'une seule erreur de MM. les employés de la caisse des consignations ; mais observez que cette erreur se multiplie souvent cinq ou six fois pour une seule opposition, et il vous sera facile de juger que le malheureux opposant contre soixante-neuf débiteurs n'a plus un moment à lui, occupé sans cesse comme il l'est à donner des déclarations de main-levée pour causes de fausses applications de ses oppositions, ou à se défendre des discussions litigieuses qui s'élèvent pour le paiement des frais de ces main-levées en réparations d'erreurs commises par MM. les employés de ladite caisse des consignations, et en dépit du décret du 18 août 1807, qui devrait être leur seul guide ; main-levées qu'ils ne veulent cependant recevoir que faites par le ministère de notaires.

Si cet opposant est obligé, par ses autres affaires, de s'absenter de la capitale, il faut absolument qu'il cherche un remplaçant, peu trouvable, et un avoué, qui ne l'est pas plus, parfaitement au courant, l'un et l'autre, de l'insouciance avec laquelle MM. les employés de ladite caisse des consignations font les applications d'opposition ; de l'entêtement qu'ils mettent à maintenir leurs erreurs, et des moyens à employer pour vaincre cet entêtement. Il faut que cet avoué et ce remplaçant s'entendent parfaitement, etc., etc., etc. C'est-à-dire qu'il faut dépenser beaucoup avec la triste perspective de recevoir très-peu.

Malheur, cependant, aux commettans d'un mandataire qui, se fiant sur le décret du 18 août 1807 et sur des déclations en dues formes, remises par lui-même à M. le chef du contentieux de ladite caisse des consignations pour faire régulariser l'application de ses oppositions conformément à ce décret, viendrait ensuite à décéder ! car les commettans pourraient être complètement ruinés par les personnes ennuyées et méchantes, qui, se voyant frappées injustement par ces oppositions, imagineraient de plaider comme si elles avaient été bien appliquées, en demandant d'abord, par une instance en référé, de laisser à la caisse des consignations le premier cinquième du dixième de la créance demandée ; plus, les frais pour l'instance en validité et en faisant commencer de suite cette instance en validité. Les absens ont toujours tort ; un jugement par défaut s'obtient bien vite au tribunal de première instance du département de la Seine, et particulièrement en matière d'opposition sur les colons de Saint-Domingue. MM. les juges, ennuyés par les demandes nombreuses de main-levées qui leur sont faites, paraissent ne pas savoir encore que l'administration de la caisse des dépôts et consignations n'observe pas le décret du 18 août 1807, et est, par conséquent seule répréhensible de l'ennui qu'elle leur cause.

Le défaut d'entente et d'ensemble entre les administrations, qui devraient toutes concourir à un seul but, celui de faire chérir le gouvernement en rendant le peuple aussi heureux qu'il peut l'être, est encore un vice à signaler en France, et fera l'objet d'un des chapitres de cet ouvrage.

Jusqu'à présent nous n'avons mentionné que les soucis et les peines des opposans. Mais les erreurs de l'administration de la caisse des consignations sont aussi fort désagréables aux personnes qui subissent quelquefois vingt ou trente fausses applications d'oppositions, contradictoirement au décret du 18 août 1807; car elles sont obligées de payer des frais de main-levées notariées, exigées pour ces fausses applications, si les opposans présens consentent à les leur donner, ce qui arrive souvent. Mais dans plusieurs autres circonstances, il faut demander les main-levées judiciairement, ce qui est encore plus coûteux. Nous sommes donc obligés, malheureusement, de conclure à la fin de ce second chapitre :

Que, pour qu'un établissement fondé dans des vues éminemment utiles remplisse parfaitement le but qu'on avait le droit d'en attendre, il faut encore que sa direction et sa manutention soient confiées à des hommes animés de la ferme volonté d'être utiles à leurs concitoyens, autant qu'il est possible, en observant strictement les lois.

Qu'on ne cherche, dans les pages précédentes, relativement à Messieurs les administrateurs de la caisse des dépôts et consignations, que ce que j'ai voulu y mettre : des plaintes fondées, et que trop fondées sur l'inobservation du décret du 18 août 1807 relatif aux oppositions, ou sur la méchante interprétation qu'ils en ont faite, et pas la moindre attaque sur leur probité. Que leurs erreurs, jusqu'à ce jour, aient été occasionnées par tout autre motif que celui de retenir, le plus long-temps qu'ils peuvent, l'argent des malheureux colons, pour le faire valoir à un intérêt plus élevé que celui de 4 pour o[o qu'ils doivent leur servir; je veux bien le croire, raison de plus pour qu'ils se rendent enfin aux observations que je leur présente et qu'ils n'avaient peut-être pas faites.

L'excès est nuisible en toutes choses, il faut que les administrateurs exécutent ponctuellement les lois, et qu'ils ne se permettent jamais de les dépasser, quels que soient les motifs d'un beau zèle qu'ils imagineraient pouvoir alléguer pour excuse.